AF359709

DAME JEANNE,

PARODIE

DE JEANNE DE NAPLES,

EN UN ACTE ET EN VAUDEVILLES;

Représentée, pour la première fois, à Paris, par les COMÉDIENS ITALIENS *ordinaires du* Roi, *le Vendredi 6 Juin 1783.*

Prix 1 liv. 4 sols.

A PARIS,

Chez BRUNET, Libraire, rue de Marivaux, au nouveau Théatre Italien.

M. DCC. LXXXIII.

PERSONNAGES.	ACTEURS.
DAME JEANNE.	Mlle. Lescot.
FORLIS, Chef d'un parti de Houzards Hongrois.	M. Philippe.
TARARE, Cousin de Dame Jeanne, Commandant les Soldats Italiens.	M. Trial.
EMILIE, Cousine de Dame Jeanne.	Mme. Julien.
MARTINGALE, Juge du lieu.	M. Rosiere.
TRANQUILLE, Confident de Tarare.	M. Favart.
DORINE, Confidente de Dame Jeanne.	Mlle. Masson.
FROIDINETTE, Confidente d'Emilie.	Mlle. Dufayel.

HOUZARDS HONGROIS, SOLDATS ITALIENS.

La Scène est en Italie.

DAME JEANNE,
PARODIE.

SCÈNE PREMIERE.

DAME JEANNE ET DORINE.

DORINE.

*L*E jour a remplacé cette nuit de douleurs.

DAME JEANNE.

Bon ! le jour a remplacé la nuit.

DORINE.

Vos yeux, sans se fermer, ont veillé dans les pleurs.

DAME JEANNE.

Comment, j'ai veillé les yeux ouverts ! Oh ça,
ma chère enfant, ne me fais pas de ces contes-là.

A 2

DORINE.

Air : *O ! ma chère Mufette.*

Jeune & belle Princeffe,
Qui pleurez jour & nuit ;
Quelle fombre trifteffe
En tous lieux vous pourfuit ?

DAME JEANNE.

Tu veux que j'entreprenne
D'en retracer le cours ?

DORINE.

En racontant fa peine ,
On l'adoucit toujours.

(*Jeanne foupire & demeure accablée.*)

Air : *M. le Prévôt des Marchands.*

Une femme doit rappeller
Toutes fes forces pour parler.

DAME JEANNE.

Tu fçais ce que je pourrois dire.

DORINE.

Oui ; mais faites attention
Qu'ici vous devez le redire ;
Pour faire l'expofition.

Air : *Charmantes Fleurs.*

Si vous aviez fait quelque petit fonge ;
Voilà l'inftant de vous en fouvenir.

PARODIE. 5

DAME JEANNE.

Je ne dors pas quand le chagrin me ronge ;

DORINE.

En pareil cas on rêve fans dormir. (*bis.*)

DAME JEANNE.

Vas, vas , ma chère , je n'ai pas befoin de rêver.

Air : *Noûs fommes Précepteurs d'Amour.*

Je fçais prolonger un difcours.

DORINE.

Oh ! c'eft ce que dit la chronique.
Quand votre langue a pris fon cours ,
Vous n'êtes pas très-laconique.

DAME JEANNE.

Nous avons vingt-cinq minutes pour notre pre-mière converfation.

DORINE.

Ah ! tâchez , pour aujourd'hui , de dire tout en quatre. On n'a pas ici les mêmes priviléges que là-bas.

DAME JEANNE.

Air : *Sans ceffe à la Ville , à la Cour.*

Je vais abréger , fi je puis ,
D'abord chacun fçait qui je fuis.

DORINE.

Nommez-vous toujours , s'il vous plaît.

A 3

DAME JEANNE.

Crois-tu que j'y fois obligée ?

DORINE.

Oui, car on vous méconnoitroit,
Tant vous êtes changée.

DAME JEANNE.

Je fuis donc la Princeffe Jeannette ; mais l'on
me nomme Dame Jeanne, parce qu'on dit que
je raifonne comme une....

DORINE.

C'eft vrai ; tout le monde le dit. Mais contez-
nous vos malheurs.

DAME JEANNE.

Air : *Du haut en bas.*

A quatorze ans,
Les garçons me trouvoient jolie ;
Puis à quinze ans
J'avois déjà beaucoup d'Amans ;
J'étois la fleur de l'Italie,
Quand d'époufer j'eus la folie,
A dix-fept ans.

DORINE.

Et votre Epoux, quel homme étoit-ce ?

DAME JEANNE.

Ah ! ne m'en parle pas.

Air : *Pour la Baronne.*

Le pauvre Sire,
Il étoit loin d'être parfait.
De lui je ne veux point médire ;
Mais la nature en avoit fait
Un pauvre Sire.

DORINE.

Il falloit vous plaindre à votre grand-père.

DAME JEANNE.

Hélas ! Il mourut en me nommant son héritière.
Je devins maîtresse de ce pays, où je commande
en Souveraine.

DORINE.

Eh bien ?....

DAME JEANNE.

Eh bien, je n'en fus pas plus heureuse.

Air : *Sans un petit brin d'Amour.*

Sans un petit brin d'amour
Nous passions la nuit & le jour ;
Mon mari changea ma Cour
En un triste séjour.
Tarare, alors, s'empressa de me plaire,
En prévenant tous mes desirs ;
De mon chagrin il sçavoit me distraire,
C'étoit toujours nouveaux plaisirs.
Sans un petit brin d'amour
Je ne passai plus un seul jour,
Mon Cousin fit de ma Cour
Le plus charmant séjour.

8 DAME JEANNE,

DORINE.

J'entends. Et que difoit votre mari ?

DAME JEANNE.

Air : Réveillez-vous , belle endormie.

Toujours de plus en plus mauffade,
Mon Jaloux périffoit d'ennui :
Mais un jour , fans être malade ,
Il mourut un peu malgré lui.

DORINE.

Le pauvre homme !

DAME JEANNE.

Air : Ton humeur eft , Catherine.

Je conçus avec Tarare
Un projet fi criminel ;
Mais , fans pitié , le barbare
Lui porta le coup mortel.
J'en eus une horreur extrême.

DORINE.

Je connois votre douceur.

DAME JEANNE.

Pour agir ainfi moi-même ,
Tu fçais que j'ai trop bon cœur.

DORINE.

Vous fûtes plus prudente.

DAME JEANNE.

Mais voici Martingale , le Juge du lieu. C'eft un

homme étonnant, un homme qui fçait tout, qui parle de tout, qui prévoit tout & qui n'empêche rien ; en un mot, il eſt très-néceſſaire ici.

SCÈNE II.

DAME JEANNE, DORINE, MARTINGALE.

DAME JEANNE.

Eh bien, cher ami, quelles nouvelles ?

MARTINGALE.

Tout eſt perdu, Madame ; Forlis, le frère de votre époux, ce Houzard qui ne parle jamais que de battre & d'aſſommer, arrive à l'inſtant même avec plus de douze ſoldats, qui vont nous faire tous trembler.

DAME JEANNE.

Eſt il poſſible ?

MARTINGALE.

Il veut s'expliquer devant les Etats, compoſés des Notables du lieu, & l'on y conſent. Au reſte, il eſt fort honnête.

Air : *Souvenez-vous-en*, &c.

Le vainqueur nous a promis
De nous traiter en amis.

Il exige feulement :

D A M E J E A N N E.

Quoi donc ?

M A R T I N G A L E.

Une bagatelle.

> Que docilement,
> Sans retardement,
> Chacun obéiffe en paix
> A fes fuprêmes décrets.

D A M E J E A N N E.

Air : *Paris eft au Roi.*

> Ami, de ce pas
> Retourne aux États,
> T'oppofer fièrement
> A ce garnement :
> Dis à mes Sujets
> Qu'ils font des benêts.

M A R T I N G A L E.

> Bon, j'aime à parler, moi ;
> C'eft là mon emploi.

D A M E J E A N N E.

> Martingale,
> S'il cabale,
> Va fans doute l'emporter.

M A R T I N G A L E.

> Mes maximes
> Sont fublimes ;

A les écouter
On doit profiter.
Je fais à-propos
Placer de bons mots ;
Et je fais a l'écho
Répéter Bravo.
J'ai l'air féduifant,
Le ton impofant,
Et mes longs cheveux blancs,
Sont bien éloquents.

Mesdames , j'ai bien l'honneur de vous faluer. Je n'ai rien à faire moi ; c'eft pourquoi je vais, je viens , j'écoute celui-ci , je réponds à celui-là , & je débite des maximes & des fentences à tous ceux qui fe rencontrent , cela m'amufe.

DAME JEANNE.

C'eft un plaifir bien innocent.

MARTINGALE.

Si quand j'aurai tout dit , vos Sujets inhumains
Refufent d'obéir , je m'en lave les mains.

SCÈNE III.

DAME JEANNE, DORINE.

DORINE.

IL a l'air d'un bien bon homme, c'eſt dommage
qu'il ſoit vieux.

DAME JEANNE.

Mais pas tant.

Air : *Il eſt certains Barbons.*

Il eſt de ces barbons
Qui ſont encor bien bons.　　　　(*Bis*).

DORINE.

A quoi vous décidez-vous, Madame ?

DAME JEANNE.

Air : *Reçois dans ton galetas.*

Que Tarare dans ces lieux
A me répondre s'apprête :
Fais qu'il paraiſſe à mes yeux.
Mais non, chère Dorine ; arrête....
Je crois qu'il eſt plus décent
Que j'aille à ſon appartement.

DORINE.

Si cela n'eſt pas plus décent , cela ſera du

moins plus sûr.......... à quoi rêvez-vous donc ?

DAME JEANNE.

A faire une sortie brillante.....

Si le Hongrois l'emporte, & s'il me faut plier,
En périssant, du moins, on m'entendra crier.

(Elle sort en jettant ses mains par-dessus sa tête, & sa Confidente la suit, les bras croisés, comme cela se pratique.)

SCÈNE IV.

EMILIE, FROIDINETTE.

FROIDINETTE.

VENEZ, belle Emilie, la place est libre, & nous
Pourrons causer à notre aise.

Air : *Que ne suis-je la fougère.*

De votre froide suivante
Recevez le compliment ;
Bientôt de Jeanne impuissante
La grandeur tombe au néant ;
Son rang est pour votre compte....

EMILIE.

Ah ! dans ce fatal instant,
Puis-je oublier quand j'y monte,
Que ma cousine en descend.

FROIDINETTE.

C'eſt d'une bonne parente ; mais après tout,
Madame, ainſi va le monde : les uns deſcendent
& les autres....

EMILIE.

Ce n'eſt là qu'un proverbe, & les cœurs généreux
Ne prennent qu'à regret les biens des malheureux.

FROIDINETTE.

Oui, cela donne du chagrin ; mais on ſe fait
une raiſon, & l'on prend toujours.

EMILIE.

Ah ! ma chère Froidinette,

Air : *C'eſt Geneviève, dont le nom.*

Parle-moi de ce fier Houſard
Que l'amour enchaine à mon char.

FROIDINETTE.

Ici chacun l'admire ;
On dit qu'il ne jure jamais.

EMILIE.

Il ne commet aucun excès ;
Quoique Hongrois, comme un Français,
Il a le mot pour rire.

Deuxième Couplet.

Dans les combats il eſt prudent ;
Ce n'eſt qu'à ſon corps défendant
Qu'il frappe, qu'il déchire.

Son grand fabre, fon air bréteur
Répandent par-tout la terreur.
Malgré cela, dans fa fureur,
Il a le mot pour rire.

Je l'attends ce Héros pour qui mon cœur foupire.

FROIDINETTE.

Je vais me retirer, n'ayant plus rien à dire.

EMILIE.

Non, non, demeure Froidinette.

Air : *Tu croyois en aimant Colette.*

Pourrais-je, fans être imprudente,
Refter feule avec un Houfard ?

FROIDINETTE.

Comme difcrette confidente,
Je vais me tenir à l'écart.

(*Elle va s'affeoir, tire du Filet de fa poche, &
travaille.*)

EMILIE.

A la bonne heure. Mais quel tapage affreux !

SCÈNE V.

LES PRÉCÉDENS , FORLIS DE HONGRIE ,
GARDES.

FORLIS, *à sa suite.*

Vous qui n'avez paru que pour vous faire voir,
Puisque l'on vous a vus., retirez-vous ; bon soir.

(*Les Soldats sortent.*)

FORLIS.

Air : *Un Cordelier.*

Dans ce Palais , on a tué mon frere:
Ma juste colère
Veut avec éclat
Venger cet attentat.
On va sentir , si l'on me contrarie ,
Toute ma furie....
Au surplus , Mamour ,
Comment va notre amour ?

EMILIE.

Vous m'aimez donc beaucoup ?

FORLIS.

Oh ! considérablement.

EMILIE.

EMILIE.

Air : *De tous les Capucins du monde.*

Comment cela se peut-il faire ?

FORLIS.

Qu'importe ? moi, je suis, ma chère,
Soldat terrible, Amant fougueux :
Je vous trouve jeune & jolie ;
Ergò, je dois être amoureux
Pour égayer la Tragédie.

(*Avec fureur*).
Peut-être qu'en ces lieux on étrangla mon frere.

EMILIE.

Air : *Et j'y pris bien du plaisir.*

Calmez cette frénésie,
Appaisez-vous, cher Amant ;
Est-ce devant Emilie
Qu'il faut être si méchant ?

FORLIS.

Il n'est rien que n'entreprenne
Et ne brave ma valeur.

EMILIE.

Vous braverez tout sans peine ;
Personne ici n'a de cœur.

FORLIS.

Air : *de Joconde.*

Quittons le séjour des forfaits ;

B

Partons pour la Hongrie.
Venez de vos divins attraits .
Embellir ma patrie.

EMILIE.

Mon honneur feroit au hafard.

FORLIS.

Sachez mieux me connaître :
Si je parle comme un Houfard,
J'agis en Petit-Maître.

Air : *Lifon dormoit.*

Si vous voyez fur mon armure
Du blanc par-ci, du noir par-là,
C'eft que dans mon fein, la nature
Rappelle un frere qui m'aima.
Je veux que mon chagrin fubfifte.

EMILIE.

Ah ! le joli deuil que voilà.
Du blanc par-ci, du noir par-là ;
Mais cet habit n'eft pas trop trifte.
Du blanc par-ci, du noir par-là ;
C'eft un deuil fort gai que cela.

FORLIS.

C'eft affez parler d'amour ; parlons de vengeance.

Air : *Des Pélerins de S. Jacques.*

Je vais dans mon humeur altiere
Faire fracas ;
Et Dame Jeanne la première....

EMILIE.

N'achevez pas.
On peut lui faire un fort plus doux
Que le fupplice.

FORLIS.

Elle a fait mourir fon époux.

EMILIE.

Ah! c'était fans malice.

FORLIS.

La pefte, quelle innocence!

Air : *Allez-vous en gens de la Nôce.*

Mais, puis-je foupçonner, Tarare?

EMILIE.

Vous le pouvez très-juftement :
Confidemment je vous déclare
Qu'il eft ingrat, fourbe & méchant;
Et puis il pourrait bien vous nuire;
Car il eft votre rival.

FORLIS.

Lui, mon rival!

EMILIE.

Votre rival!
C'eft un monftre qu'il faut détruire :
D'ailleurs, je n'en dis point de mal.

Pour réuffir dans fes lâches complots, il eft
capable de tout.

FORLIS.

Je fuis bien aife de le fçavoir : cela fait que je refterai , fans efcorte , dans ce Palais , dont il eft maître.

Air : *Du pas redoublé de l'Infanterie.*

Je dois lui parler avant peu:
S'il faut que je me pique ,
Parbleu ! nous allons voir beau jeu.

EMILIE.

Craignez fa politique.

FORLIS.

Lorfque l'honneur eft mon foutien ,
Le danger me fait rire.
Pour un Héros mourir n'eft rien.

EMILIE.

Cela vous plait à dire.

FORLIS.

Je vous réponds de tout ; comptez fur mon courage:
J'ai le cœur d'un Amant & la fierté d'un Roi.
Et je fuis , en un mot , très fatisfait de moi.
D'ailleurs , je fuis modefte on ne peut davantage.

EMILIE , *chantant.*

L'air modefte ne gâte rien.

(*Elle fort en lui faifant une profonde révérence.*)

SCÈNE VI.

FORLIS, *seul.*

AH ! mons Tarare, vous vous donnez les airs d'être mon rival...... Mais le voici........ Faisons semblant de rien.

SCÈNE VII.

FORLIS, TARARE.

TARARE.

SEIGNEUR, de la part des Etats je viens vous faire compliment sur votre façon d'agir.

FORLIS.

Et vous faites fort bien. Asseyez-vous. (*A part.*) Il a peur.

TARARE.

Air : *Tous les Bourgeois de Châtres.*

> Bien loin que je condamne
> Un tel ressentiment,
> Je livre Dame Jeanne
> A votre jugement.

Comblé de ses bienfaits, je consens qu'elle meure.

Non, Prince, vons n'avez pas tort.

FORLIS.

Parbleu ! la raifon du plus fort
Eft toujours la meilleure.

Méme Air.

Enfermez la Princeffe ;
C'eft tout ce que je veux.
De bon cœur je lui laiffe
Des jours trop malheureux :
Mais il faut que fur l'heure on m'accorde Emilie.

TARARE, *fe levant.*

Emilie ! eft-il vrai ? vous pourriez vous flatter....

FORLIS.

Je me flatte qu'au moins il me faut écouter.
(Il lui fait figne de fe remettre.)
Je l'exige, & j'ai des Soldats.
Dites-moi ; ne trouvez-vous pas
Ma demande polie ?

TARARE.

Très-honnête, affurément.... malgré cela...

Air : *Sans regret.* (du Maréchal.)

A regret
On vous verrait
Époufer cet aimable objet.

FORLIS.

Pourquoi donc ?

TARARE.

Elle doit
Prendre un époux
Plus gai, plus doux,
Moins barbare que vous.

FORLIS, *se levant.*

Insolent!...

TARARE, *se levant aussi.*

Ce mot m'est échappé. (*à part.*) Il faut filer doux.

FORLIS.

Oh! je ne suis point la dupe de cette plaisanterie :
Demain j'enlève mon Amante. Elle y consent.

Air : *M. de Catinat.*

Son grand'père jadis me refusa sa main ;
De cet affront sanglant je me plaignis en vain.

TARARE.

Vous pourriez bien encor....

FORLIS.

Ah! c'est tout différent ;
Je suppliais alors ; je commande à présent.

TARARE.

Air : *Comme je l'étrillerois.*

On peut voir tourner la chance.

FORLIS.

Je vais t'attendre aux États ;

J'y portérai ce damas:
Redoute fon éloquence.

Si tu t'avifes de me contredire.... tu verras.
(*Il fort en menaçant Tarare.*)

SCÈNE VIII.

TARARE, *feul, en achevant l'Air.*

Pour roffer ce fanfaron ,
Que n'ai-je moins de prudence?
Pour roffer ce fanfaron ,
Que ne fuis-je moins poltron ?

Mais , fans avoir du cœur , ne pourrai-je pas
trouver un moyen.... Affurément.

SCÈNE IX.

TARARE, TRANQUILLE , *arrivant lentement.*

TARARE.

Ah ! te voilâ , mon cher Tranquille. Tu parois
épouvanté ?

TRANQUILLE.

Air : *Dupont, mon Ami.*

Ah! Prince , voyez
Mes juftes allarmes ;

Nos gens effrayés
Vont prendre les armes.
Comme je tremble toujours,
C'eſt pour cela que j'accours.

TARARE.

Mais pourquoi venir ſi vîte auſſi..... J'entends quelqu'un ; retirons-nous un inſtant. Je veux te faire part d'une petite eſpiéglerie que j'ai imaginée pour nous défaire du Hongrois.

SCÈNE X.

DAME JEANNE, DORINE.

DORINE.

Air : *Avec les Jeux, dans le Village.*

Voyez finir votre diſgrace,
Prenez des ſentimens plus doux.
On vous voit ; tout change de face ;
Le Peuple tombe à vos genoux.
Frappé, ſéduit par tant de charmes,
Chacun partage vos douleurs ;
Quand la Beauté verſe des larmes,
Elle intéreſſe tous les cœurs.

DAME JEANE.

Tarare viendra-t-il ?

DORINE.

Le voilà tout venu ; je vous laiſſe avec lui.

SCÈNE XI.

DAME JEANNE, TARARE.

TARARE, *au fond du Théatre*, *à son Confident.*

Vas vîte où je t'ai dit.

Air : *Dans les Gardes Françoises.*

A votre ordre suprême,
Madame, je me rends.

DAME JEANNE.

Ma frayeur est extrême
Dans ces cruels instans.
Cousin, j'ai des scrupules.

TARARE.

Cousine, c'est à tort.
Ils sont très-ridicules ;
Le défunt est bien mort.

DAME JEANNE.

Mais le Public jase.

TARARE.

Eh bien ! que vous importe ?

Air : *Je suis Madelon Friquet.*

Soyez Madelon Friquet,
Faites la nique à la Critique ;

Soyez Madelon Friquet,
Et méprifez un vain caquet.

DAME JEANNE.

Et puis je vois bien que vous ne m'aimez plus.

TARARE.

Air : *L'Amour, la nuit & le jour.*

De ce foupçon jaloux
Tâchez de vous diftraire.
Car enfin entre nous,
Je ne peux pas vous faire
La cour
La nuit & le jour.

DAME JEANNE.

Air : *Sçachez qu'au Village j'ons de la vartu.*

Vous difpofez feul de notre armée ;
Vous faites la pluie & le beau tems.
Si de vous, cruel, j'étais aimée,
Verrais-je en ce jour Forlis céans ?
Ce difcours a droit de vous confondre:
Mais il faut répondre.

TARARE.

Moi, je crains les coups :
Or, pour ma valeur, c'eft une entrave.
Forlis eft plus brave
Et plus fort que nous.

DAME JEANNE.

Voilà de belles raifons !

On n'eft pas sûr de vaincre, on eft sûr de mourir.

TARARE.

Ce vers est fort beau , Madame ; mais comme il y a quelque petite différence entre ces deux ex-trémités...

    Air : *Accompagné de plusieurs autres.*

Au lieu de faire le fendant ,
Je prends un parti plus prudent ;
Sur moi que votre espoir se fonde.

DAME JEANNE.

Mais ce Housard si menaçant...

TARARE.

Je sais un moyen innocent
Pour l'envoyer dans l'autre monde.

DAME JEANNE.

Quoi ! vous pourriez.....

TARARE.

Même Air.

Forlis n'a que peu de Soldats :
Cette nuit nous suivrons ses pas.
Il sera saisi par les nôtres.
Nous saluerons ce fier Housard
Avec un grand coup de poignard ,
— Accompagné de plusieurs autres.

DAME JEANNE.

    Air : *Mon Cousin l'allure.*

Vous seriez assassin ,
Mon cousin !

TARARE.

La vengeance eſt plus sûre.

DAME JEANNE.

Mettez le ſabre en main,
Mon couſin.

TARARE.

Je crains trop la bleſſure.

DAME JEANNE.

Mon couſin,
Voilà d'un poltron
L'allure & la façon ;
Voilà d'un poltron
L'allure.

TARARE.

Oh ! je ne me pique pas d'être brave, je vous
l'ai déjà dit.

DAME JEANNE.

Air : *Ne m'entendez-vous pas ?*

Ne m'entendez-vous pas ?

TARARE.

Non, le diable m'emporte !

DAME JEANNE.

Un projet de la ſorte
S'exécute tout bas.
Ne m'entendez-vous pas ?

TARARE.

Oui, j'ai tort ; pour fauver votre délicateffe je n'aurois pas dû vous en parler ; mais prenez que je n'aie rien dit. Je vais....

DAME JEANNE.

Ce n'eft pas pour cela que....

TARARE.

Oh , fuffit , j'entends à demi mot.

DAME JEANNE , *lui criant , lorfqu'il eft forti.*

Je n'y confens pas au moins.

SCÈNE XII.

DAME JEANNE , *feule.*

IL ne m'entend plus. Encore un nouveau crime fur mon compte.

Air : *C'eft bien la faute du Guet.*

> Après tout , de ce forfait
> Je fuis innocente ;
> Et Tarare le commet
> Contre mon attente.
> (*Elle réfléchit*).
> Forl's va périr... d'accord...
> Mais , puis-je empêcher fa mort ?...
> Non , c'eft la faute du fort.
> Je fuis innocente.

SCÈNE XIII.

JEANNE, MARTINGALE.

MARTINGALE.

Air : *Palsembleu M. le Curé.*

MADAME, apprenez un affront ;
Qui pour vous nous épouvante.
Tarare est maître , & l'ingrat a le front
D'épouser votre parente.

DAME JEANNE.

Air : *Lorsque Tarquin prit par force Lucrèce.*

Quoi ! mon cousin épouse ma cousine !
Il oserait.... Non , non ; je n'en crois rien.

MARTINGALE.

Mais j'en suis sûr.

DAME JEANNE.

Ah ! ce mot m'assassine.

MARTINGALE.

Pour vous venger , soyez femme de bien.

C'est ainsi qu'un grand cœur doit toujours se conduire.
Il faut être obligeant , quand on ne peut plus nuire.

DAME JEANNE.

Hélas ! que vais-je devenir ?

MARTINGALE.

Air : *Non, je ne ferai pas.*

Tout comble nos defirs ; tout rit dans l'opulence :
Des flatteurs mendians la clique nous encenfe.
On vante aveuglement jufques à nos défauts :
Sommes-nous dans la peine, on nous tourne le dos.

DAME JEANNE.

Vous êtes confolant.

MARTINGALE.

Plus que vous ne penfez, peut-être. Tenez,
Madame.

Air : *Je fuis joyeux, je fuis toujours gaillard.*

Je fuis encor difpos, quoiqu'un peu vieux ;
Je fuis gaillard, je fuis joyeux,
Et je me porte au mieux.

DAME JEANNE.

Je vous en félicite.

MARTINGALE.

Prenons enfemble la fuite ;
Pour éviter la pourfuite
De ce furieux.
Embarquons-nous à la garde des Dieux ;
Et cherchons fous les cieux

U

Un Peuple gracieux.
On trouve avec de si beaux yeux
Des amis en tous lieux.

La France.à vos malheurs offre un féjour tranquille.
L'infortune toujours y trouve un sûr afyle.

DAME JEANNE.

Mais, partir ainfi tous les deux....

MAARTINGALE.

Eh ! pourquoi non?

Air : *Servantes, quittez vos paniers.*

Souffrez que loin de vos États
Seul je vous accompagne :
Parlez, je conduirai vos pas
En Bourgogne, en Champagne.

DAME JEANNE.

Je te fais bon gré de ce foin ;
Mais de partir qu'eft-il befoin ?
Je peux bien, fans aller plus loin,
Battre ici la campagne.

Laiffe-moi feule un inftant rêver au parti que je
dois prendre.

MARTINGALE.

Quoique vous décidiez, ordonnez, s'il vous plaît :
A toute heure, en tout tems, je ferai toujours prêt.

SCÈNE XIV.

DAME JEANNE, *seule.*

Air : *Tu n'as pas le pouvoir.*

IL est donc le seul aujourd'hui
Qui prenne mon parti ;   (*bis*).
Mais le pauvre homme a beau vouloir ,
Il n'a plus de pouvoir.   (*bis*).

SCÈNE XV.

DAME JEANNE, DORINE.

DAME JEANNE.

MA chère Dorine , tu viens fort à propos.

DORINE.

Nous autres Suivantes , nous ne venons jamais autrement. J'étois aux écoutes.

DAME JEANNE.

Est-il vrai que Tarare soit infidèle ?

DORINE.

Tout le monde le dit.

DAME JEANNE.

En ce cas me voilà décidée.

Air : *O ! Destin.* (De la Veillée.)

J'ai lu quelque part un beau trait :
Mettons en pratique
Cette grandeur d'ame unique.
Le complot que Tarare a fait
Contre les Hongrois n'aura pas son effet.
Dépêchons, dépêchons, dépêchons-nous,
Pour que de ce crime
Forlis ne soit pas victime ;
Dépêchons, dépêchons, dépêchons-nous ;
Il devra sa vie à mes transports jaloux.

DORINE.

Chut. Gardez-vous de dire cela , Madame ;
il faut, au contraire, faire accroire que c'est un
retour de vertu.

DAME JEANNE.

Air : *Des Fleurettes.*
Pour l'avis d'importance
Que je vais lui donner.
Forlis, dans sa clémence,
Pourra me pardonner.
Prenons un air de conquête ;
Parlons-lui seule un instant.
On s'attendrit aisément
En tête à tête.

C'est lui que je vois, mais il parle à quelqu'un.
Retirons-nous & attendons le moment favorable.

SCÈNE XVI.
FORLIS, MARTINGALE.

FORLIS.

Air : *Vaudeville de Rose & Colas.*

Viens, ami, me prêter ton secours
Sur un point de grande importance ;
A ton zèle aujourd'hui j'ai recours.

MARTINGALE.

Il est vrai que j'ai quelque science.
Voyons, qu'exigez-vous de moi ?
Proverbe, maxime ou sentence ?

FORLIS.

Eh ! non, seconde ma vengeance.
L'honneur t'en prescrit la loi.

Du plus lâche forfait, dis, quels sont les coupables ?...

MARTINGALE.

Par mon ordre, Seigneur, ils ont été pendus.

FORLIS.

Ils ne sont pas tous morts....

MARTINGALE.

Je n'en dirai pas plus.

FORLIS.

Dame Jeanne & Tarare, on dit qu'ils sont capables......

MARTINGALE.

Dans les gens comme il faut , s'il eſt des ſcélérats ,
Je détourne les yeux , & je gémis tout bas.

FORLIS, *à part.*

Il a de l'eſprit.

Air : *Je ſuis Lindor.*

Par tes conſeils, mon cher , il faut m'inſtruire :
Guide les coups que doit porter mon bras.

MARTINGALE.

Ce que je fais , vous ne le ſaurez pas ;
J'aime à parler ; mais le tout ſans rien dire.

FORLIS.

Air : *Non , je ne ferai pas.*

Fais-moi ton confident , compte ſur ma prudence.

MARTINGALE.

J'ai promis ſur cela le plus profond ſilence.

FORLIS.

N'avoir qu'un confident c'eſt garder ſes ſecrets.

MARTINGALE.

Moi, pour les mieux garder , je ne les dis jamais.

FORLIS.

C'eſt agir de bon ſens.

MARTINGALE.

Pour ne découvrir pas ce dangereux myſtère ,

Quand vous m'interrogez, c'eſt à moi de me taire.
Quand le maître au ſujet....

FORLIS.

Et quand, quand.....

Air : *Je n'en dirai pas davan.age.*

Ami, laiſſe là tes maximes,
  Et réponds exactement.
A mon bras livre les victimes.

MARTINGALE.

  Vous l'exigez vainement.

FORLIS.

Martingale eſt homme ſage ;
Il doit ſe rendre à la raiſon.

MARTINGALE.

  Et non, non, non.
Je n'en dirai pas davantage.

FORLIS.

Pour te faire parler, il faut que je t'aſſomme.

MARTINGALE.

J'en vivrai plus long-tems....... ſi je meurs en brave homme.

FORLIS.

Il a réponſe à tout.

Air : *Sans le ſçavoir.*

Veux-tu des grandeurs, des richeſſes ?
MARTINGALE.
De me gagner par des promeſſes,

Auriez-vous bien conçu l'espoir ?

FORLIS.

Un tel silence m'injurie.

MARTINGALE.

J'en suis fâché ; jusqu'au revoir.
Vous partirez pour la Hongrie,
Sans rien savoir.

SCÈNE XVII.

FORLIS, DAME JEANNE.

FORLIS.

Air : *V'là c'que c'est qu'd'aller au bois.*

MARTINGALE n'est pas un sot ;
C'est un savant ; voilà le mot.
Près de lui je suis un marmot.
(*Appercevant la Reine.*)
Mais, que vois-je ?
C'est mon ennemie ;
Comme elle est jolie !
Tâchons de soutenir le choc ;
Soyons ferme comme un roc.

Quel motif, près de moi, vous conduit, belle Dame ?

DAME JEANNE.

Je viens te découvrir une odieuse trame ;

C 4

Lorsque tu me pourfuis, je viens fauver tes jours.

FORLIS.

Comment....

DAME JEANNE.

Prête un inftant l'oreille à mes difcours.

Air : *Des Fraifes.*

Profite du jour qui luit ;
C'eft moi qui t'en convie.
Quitte ce Palais fans bruit,
Ou tu perdras cette nuit
   La vie.

FORLIS.

La vie !

DAME JEANNE.

La vie.

Inftruire fon ennemi d'une confpiration formée contre lui !

FORLIS.

Cela prouve que vous avez lu..... Mais quel eft donc ?.....

DAME JEANNE.

Si je te le difois la Pièce feroit finie.

FORLIS.

Air : *En paffant fur le Pont-Neuf.*

Quoi ! cette nuit dans ces lieux....
Cet avis eft précieux :

Ma vive reconnoiffance
Doit éclater auffi-tôt.

DAME JEANNE.

Vas, ma fierté t'en difpenfe.

FORLIS.

Eh bien ! je vous prends au mot.

DAME JEANNE.

Quoi ! tout de bon ?

FORLIS.

Air : *Vaudeville de Tom Jones.*

Vous me rendez, Madame, un grand fervice ,
　Je vais me fauver dès ce foir ;
Mais cependant il eft de la juftice ,
　Que je faffe ici mon devoir.
Pour m'acquitter, tous vos biens je vous ôte :
　Je fuis votre perfécuteur.
　Que voulez-vous ? Eft-ce ma faute
　Si l'on m'a fait un mauvais cœur ?

SCÈNE XVIII.

DAME JEANNE, *seule.*

Air : *Vaudeville des Chaſſeurs.*

Aʜ ! comme j'avois pris le change,
Croyant qu'il ſeroit mon appui !
C'eſt une choſe bien étrange
Que ce qui m'arrive aujourd'hui.
En femme ſage je raiſonne ;
J'ai du bon ſens , j'ai de l'eſprit :
Tout ce que je dis eſt bien dit ,
Et je n'intéreſſe perſonne. (*Bis.*)

J'apperçois mon parjure Amant , amuſons-nous
à le traiter comme il le mérite : mais diſſimulons
d'abord.

SCÈNE XIX.

DAME JEANNE, TARARE.

Dame Jeanne.

Air : *La lumière la plus pure.*

Pʀɪɴᴄᴇ , je ſuis réſolue
A m'enfuir de ces climats :

De votre Amante éperdue
Venez diriger les pas.
Nos cœurs , loin du rang suprême ,
Auront encor des beaux jours.

TARARE.

Eh quoi ! abandonner un pays où vous êtes fou-
veraine....

DAME JEANNE.

Etre près de ce qu'on aime ,
N'eft-ce pas régner toujours ?

TARARE.

Oui..... il eft certain que..... quand on s'aime....
l'Amour eft une chofe fort agréable.... Mais ,
Madame.... mon projet...

DAME JEANNE.

Vous n'y réuffirez pas. Forlis fçait tout.

TARARE.

Air : *Ce qui féduit les Dames.*

O Ciel ! eft-il poffible ?

DAME JEANNE, *à part.*
Sa furprife eft rifible.

TARARE.
Qui donc a pu trahir ma foi ?
Qui donc a pu trahir ma foi ?

DAME JEANNE.
C'eft moi, c'eft moi.

TARARE.

Vous ! Eh qui diantre a pu vous inspirer cette belle équippée ?....

DAME JEANNE.

L'honneur.

TARARE.

L'honneur ! Parbleu, vous êtes une drôle de femme ; après ce que vous avez fait à votre époux, vous vous avisez d'avoir des remords, quand il s'agit de votre ennemi !

DAME JEANNE, *criant.*

'Ah, barbare ! ai-je ici d'autre ennemi que toi ?

TARARE.

Bon ! à d'autres.

Air : *Margotton, ma mie.*

Jeanneton, ma mie,
Jeanneton, mon cœur ;
Eh quoi ! toujours de l'humeur.

DAME JEANNE.

Ingrat, trompeur.

TARARE.

Qu'elle est jolie !
Oui, malgré ce ton boudeur,
Vous êtes charmante ; d'honneur.

DAME JEANNE.

Air : *Valet chez une Fermière.*

Quittons la plaifanterie :
Croyais-tu donc à mes yeux
Époufer ma coufine....

TARARE.

        O Dieux !
Qui, moi ? j'époufe Emilie ?

DAME JEANNE.

Traître, te voilà confus ?

TARARE.

Non, je fuis furpris, tout au plus.

DAME JEANNE.

J'ai découvert ta tendreffe.

TARARE.

Emilie eft ma Maitreffe !
Parbleu ! je fuis un grand fot ;
Car, durant toute la Pièce,
Je n'en ai pas dit un mot.

Mais cela ne fe peut pas.

Air : *Quand le péril eft agréable.*

Madame, on vous en fait accroire ;
C'eft vous que je dois époufer.
Vous ne pouvez me refufer.
Lifez plutôt l'Hiftoire.

DAME JEANNE.

Bon, bon, eft-ce qu'on s'en rapporte à l'Hiftoire
ici ?

SCENE XX.

LES PRÉCÉDENS, TRANQUILLE.

TRANQUILLE.

Air : *Oh ! oh ! Ah ! ah !*

AH, Prince ! venez vite ;
Le danger est pressant ;
L'ennemi prend la fuite,
Et retourne à son camp.

TARARE.

Oh ! oh !

DAME JEANNE.

Ah ! ah !

TARARE.

Que faire quand il sera là ?

Morbleu ! ayons l'air d'être brave. Suis-moi,
Tranquille. (*Ils sortent.*)

DAME JEANNE, *le regardant aller.*

Tu t'es mis dans l'embarras,
Tire-t-en, tire-t-en, tire-t-en taine ;
Tu t'es mis dans l'embarras,
Tire-t-en comme tu pourras.

SCÈNE XXI.

DAME JEANNE, DORINE.

DAME JEANNE.

MA chère enfant, je suis perdue, les Dieux, les hommes, le ciel, la terre, la mer, tout s'arme contre moi.

DORINE.

Rien que cela !

DAME JEANNE.

Pas davantage.

Air : *Un mouvement de curiosité.*

Que devenir, dans cette circonstance !
Ciel ! prends pitié de ma position.

DORINE.

Du fier Hongrois implorez la clémence.

DAME JEANNE.

Non, non, pour lui j'ai trop d'aversion ;
Je vais finir par une extravagance,
Et ce sera ma dernière action.

SCENE XXII.

DAME JEANNE, DORINE, MARTINGALE.

MARTINGALE.

RÉJOUISSEZ-VOUS , Madame , grande
nouvelle.

Air : *L'Amour est un chien de vaurien.*

Forlis avec force Soldats
A l'instant revient sur ses pas :
Si Tarare s'y frotte ,
Il faudra sur le champ,
A la première botte ,
Vuider le différent.

Vous allez bientôt les voir.

DAME JEANNE.

Comment, ils vont se battre ici , dans mon
Palais, & devant tout le monde ? Mais j'espère
bien qu'on les séparera.

MARTINGALE.

Point du tout , Madame , les volontés sont
libres. Si pourtant il arrive que ce petit assaut
ne plaise pas à tout le monde , on le supprimera
quand ils se seront battus sept à huit fois.

DAME JEANNE.

Je sçais un bon moyen pour ne pas voir cela ,
moi ; je commencerai par me tuer.

MARTINGALE.

Tout comme il vous plaira , Madame. Mais
voici nos Champions.

SCENE XXII.

SCÈNE XXIII ET DERNIÈRE.

LES PRÉCÉDENS, FORLIS, TARARE, EMILIE,
SUITE DE TARARE ET DE FORLIS.

Une Marche militaire annonce leur arrivée.

(Les Soldats des deux Princes ſe rangent des deux côtés du Théatre & forment un cercle.)

DAME JEANNE.

MESSIEURS, je n'ai que deux mots à vous dire. (*Elle chante.*)
Ecoutez tous l'hiſtoire entiere...

FORLIS.

Nous ſçavons tout cela, Madame, ou ſi nous l'ignorons, il eſt inutile de nous l'apprendre, d'autant qu'un tel récit ne vous feroit pas trop d'honneur. (*A Tarare.*) Allons, à nous deux.
Viens, & je te permets l'honneur de te défendre.

TARARE.

Prince, je ne me battrai point. Si vous êtes Bréteur, moi, je ſuis Sage. Ce combat ne feroit rien moins que décent ; & l'on eſt convenu de le retrancher.

DAME JEANNE.

Mais, Meſſieurs, attendez donc que je ſois morte.

D

TARARE.

Sans doute , puifque Madame veut paffer la première.

FORLIS, *tirant fon fabre.*

Traître , défends-toi.

TARARE.

Battons-nous tous enfemble , cela fera plus gai ;
Soldats , fecourez-moi.... Marchez donc...

LES SOLDATS.

Vas-t-en voir s'ils viennent,
Jean ;
Vas-t-en voir s'ils viennent.

TARARE, *à part.*

Si je pouvois m'enfuir !

FORLIS.

En garde , morbleu.

TARARE.

Un moment. (*Appercevant le fabre de Forlis.*)
Ciel ! quel coutelas.

Air : *De la Ceinture.*

A l'adreffe , il faut qu'en ce jeu
L'égalité foit encor jointe.

FORLIS.

Prends un fabre auffi.

TARARE.

Non , parbleu !
Je ne fais pas la contrepointe.

D'ailleurs, on revient quelquefois d'un coup d'épée, & s'il arrivoit de me couper la tête avec ce maudit....

FORLIS.

Eh bien, qu'on me donne une épée.

TARARE, *à part.*

Il n'y a pas moyen de reculer. (*Il se bat les flancs.*)

FORLIS.

Air : *Aye, aye, aye, Jeannette.*

En garde, donc.

TARARE.

M'y voilà.

FORLIS.

Pare ce coup de seconde.

TARARE.

Et toi, pare celui-là.

FORLIS.

Une, deux.... Le Ciel me seconde.

TARARE, *tombant.*

Aie! aie! aie!
Adieu, tout le monde;
Je meurs; aie, aie, aie.

FROLIS.

Air : *Vaudeville du Sorcier.*

Rien ne manque plus à ma gloire,
Et mon triomphe est solemnel.

MARTINGALE.

Avant que de chanter victoire,
Sachons si le coup est mortel.

FORLIS, *à Martingale.*

Examine un peu fa blessure ;
Dis-nous s'il en peut revenir.

MARTINGALR.

C'est en vain que je veux la fentir.
Je ne trouve point la piquure.

FORLIS.

Comment donc ?

MARTINGALE.

Mais, Seigneur, voilà le fecret.
Regardez votre épée.

C'est un fleuret, c'est un fleuret.

FORLIS.

C'est un fleuret, c'est un fleuret.

TARARE, *foulevant la tête.*

Quoi, Meſſieurs, férieuſement. (*Il touche à ſa poitrine.*) En effet, je ne fuis pas bleſſé. (*Il ſe lève & chante.*)

Ah ! mon Dieu, que je l'échappai belle.

FORLIS.

Mais, qu'eſt-ce que tout cela veut donc dire ?

DAME JEANNE.

Air : *Le Curé de Pomponne.*

Pour moi, je veux franchir le pas.
Mourons, j'y fuis forcée ;

(*Elle tire un poignard & fe frappe.*)

Mais, quoi ? le poignard n'entre pas ;
Dieux ! la pointe eſt caſſée !

EMILIE.

Du deſtin qui fait tout, connoiſſez la puiſſance.

DAME JEANNE.

Refrain du Poëte supposé.

Ça n'devoit pas finir par-là ,
Puisque ça commençoit comme ça.

EMILIE.

Air : *Rassurez-vous , belle Princesse.*

Régnez, vivez , belle Princesse ,
Tarare sera votre époux.

TARARE.

Croyez-vous ?

EMILIE.

Air : *La bonne Aventure.*

Que chacun, le cœur content ,
　Enfin se rassure ;
J'ai fait jusqu'à ce moment
　Fort triste figure.
Mais je possède un talent ,
Et je dis parfaitement.
La bonne aventure ,
　O gai ,
La bonne Aventure.

Donnez-moi votre main. Que vois-je ! On vous
fait mourir à vingt-cinq ans , & je lis que vous
vivrez jusqu'à cinquante-six ; en attendant , ma
Cousine ,

Même Air.

Vous devez de trois Maris
　Voir la sépulture.

DAME JEANNE.

Croirai-je ce que tu dis ?

EMILIE.

Oui , je vous le jure.
Un quatrième viendra ,
Bientôt les remplacera.

DAME JEANNE.

La bonne Aventure,
O gai !
La bonne Aventure !

Air : *Nous autres bons Villageois.*

Mais , à quel propos l'Auteur
Veut-il donc qu'ici je trépasse ?

MARTINGALE.

Il faut bien tuer l'Acteur ,
Quand sur la Scène il embarrasse.
Pour arriver au dénouement
On le dépêche lestement
Avec quelque coup de poignard
On en met plusieurs à l'écart. *Bis.*

Faire mourir un personnage historique vingt-cinq ou trente ans trop tôt , nous appellons cela , nous autres Sçavans, une licence poétique.

DAME JEANNE.

Mais de pareilles licences sont très-peu favorables à la santé.

EMILIE.

Air : *J'arrive à pied de Province.*

Croyez-moi , songeons à vivre.

PARODIE.

DAME JEANNE.

Ma foi, c'eſt bien dit.
Ce conſeil eſt bon à ſuivre.

TARARE.

Tarare y ſouſcrit.

EMILIE.

Ça qu'un double hymen termine
Nos malheurs.

DAME JEANNE.

Oui dà.

EMILIE.

Prenez ce Héros, Couſine,
Et moi celui-là.

MARTINGALE, *gravement.*

Refrein.

Il ne faut s'étonner de rien,
Il n'eſt qu'un pas du mal au bien.

FORLIS.

Air : *Ah ! le bel Oiſeau, Maman.*

Que l'Hymen, l'Amour, les Jeux,
Chaſſent la mélancolie ;
Que la Paix comblant nos vœux,
Nous rende à jamais heureux.

EMILIE.

Le plaiſir d'un ſeul inſtant
Eſt un grand bien dans la vie,
Et par le bonheur préſent
Tout le mal paſſé s'oublie.

CHŒUR.

Que l'Hymen, l'Amour, les Jeux, &c.

MARTINGALE.

Par de plus fraîches couleurs,
La folâtre Parodie,
En riant sèche les pleurs
De la sombre Tragédie.

DAME JEANNE, *au Public.*

Dans un Drame sérieux,
Hélas ! j'ai perdu la vie.
Faites aujourd'hui, Messieurs,
Que je revive en ces lieux.

CHŒUR.

Dans un Drame sérieux,
Jeanne avoit perdu la vie,
Faites aujourd'hui, Messieurs,
Qu'elle revive en ces lieux.

FIN.

APPROBATION.

J'AI lu, par ordre de M. le Lieutenant-Général de Police,
Dame Jeanne, Parodie de Jeanne de Naples, & je n'y ai rien
trouvé qui m'ait paru devoir en empêcher la Représentation,
ni l'Impression. A Paris, le 5 Février 1782.

SUARD.

*Vu l'Approbation, permis de représenter & imprimer. A
Paris, le 5 Février 1782.*

LENOIR.

De l'Imprimerie de CAILLEAU, rue Galande,
vis-à-vis de la rue du Fouare.